La grenouille à grande bouche

Une histoire contée par
Francine Vidal
Illustrée par
Élodie Nouhen

Didier Jeunesse

La grenouille à grande bouche
gobe des mouches avec sa grande bouche.

Elle vit dans une mare
sur un nénuphar
qui lui sert de plongeoir.

Mais voilà qu'un soir, elle en a marre.

Des mouches au petit déjeuner,
des mouches au dîner,
des mouches toute la journée,

elle en a **assez !**

«Qu'est-ce que je pourrais bien goûter?
Qu'est-ce que je pourrais bien manger?»

Elle n'en a pas la moindre idée.

Alors…

Hopi, Hopa,

la voilà qui s'en va.

Au premier tournant,
elle rencontre un ruban.

– Et tu manges quoi *toi* ?
– Des fourmis.

– Pouah !

Hopi,
Hopa,
la voilà
qui s'en va.

D'un bond guilleret, elle traverse une forêt.

– T'es grande *toi*! T'es qui *toi*?

– Je suis une girafe.

– Et tu manges quoi *toi*?

– Les feuilles des arbres.

– Baahhh!

Hopi,

Hopa,

la voilà qui s'en va.

À l'aide d'une canne, elle escalade
une montagne de mille kilogrammes.

– T'es gros *toi!* T'es qui *toi?*
– Je suis le rhinocéros.

– Et tu manges quoi *toi?*
– Moi? De l'herbe.

– Ohlala!

Hopi,
Hopa,
la voilà qui s'en va.

Un peu plus tard,
il se met à pleuvoir.

– Désolé, crie l'oiseau
qui s'est laissé aller.

– T'es qui *toi*?
– Je suis le toucan.

– Et tu manges quoi *toi*?
– Des asticots.

– ouah!

Hopi, Hopa,

la voilà qui s'en va.

À force de sauter,
elle est fatiguée.

Alors elle s'assied.

– Que t'es doux *toi!* T'es qui *toi?*
– Je suis le tigre.

– Et tu manges quoi *toi?*
– Des gazelles.

– *Aaahhh!*

– Bah
si c'est comme ça,
je m'en vais rentrer gober des mouches,
se dit la grenouille à grande bouche.

Mais de retour
sur son nénuphar,
elle voit

deux
yeux

dans la mare.

– T'es bizarre *toi*! T'es qui *toi*?
– Je suis le crocodile.

– Et tu manges quoi *toi*?

– Des grenouilles à grande bouche.

– Et t'en as vu beaucoup par ici ?

Hopi, Hopa, le conte finit là.

Ne vous débarrassez pas des piles avec les déchets municipaux non triés (ordures ménagères). Des points de collecte sont mis à votre disposition pour le traitement et le recyclage de ces déchets d'équipement. Il peut y avoir des effets potentiels sur l'environnement et la santé humaine dus à la présence de substances dangereuses dans les équipements électriques et électroniques. Rapportez toutes vos piles usagées à un point de collecte (distribution, déchetterie) de façon à les éliminer, car elles sont nocives pour l'environnement. En faisant ce geste pour l'environnement, vous contribuez à la préservation des ressources naturelles. Les symboles apposés sur ce produit indiquent qu'il ne doit pas être traité avec les déchets ménagers et fait donc l'objet d'une collecte sélective.

IMPORTANT : INSTRUCTIONS À LIRE ATTENTIVEMENT

Toutes les manipulations ci-contre doivent être réalisées par un ADULTE. Pour enlever et mettre en place les piles, dévisser le couvercle du compartiment des piles à l'aide d'un tournevis. Après remplacement, replacer le couvercle et le revisser. Les piles ne doivent pas être rechargées. Différents types de piles ou des piles neuves et usagées ne doivent pas être mélangés. Les piles doivent être mises en place en respectant leur polarité. Les piles usées doivent être enlevées du livre. Les bornes d'une pile ne doivent pas être mises en court-circuit.